Gerhard Vilmar

Psychotherapie in Stichworten
Ressourcen, Lösungen, Interventionen

Herstellung und Verlag: BoD - Books on Demand,
Norderstedt
ISBN: 9783752846621
November 2018

Umschlagbild:
„The Key in The Hand" (Chigaro Shiato) –
Japanischer Pavillon der Kunstbiennale Venedig 2015
Fotografie: Gerhard Vilmar

Bibliografische Information der Deutschen Bibliothek:
Die Deutsche Bibliothek verzeichnet diese Publikation in
der Deutschen Nationalbibliografie; detaillierte
bibliografische Daten sind im Internet unter
http:/dnb.ddb.de abrufbar.

Inhaltsverzeichnis

Pfeif auf das Schicksalsdrama,
missachte das Unglück,
zerlach den Konflikt ...

Peter Handke: Spiele das Spiel
Für die Therapeuten

Vorwort

Dieses Büchlein skizziert, was mir bei meiner Arbeit in
Denken und Handeln wichtig war. Vielleicht kann es
dazu beitragen, eigene Einstellungen und Perspektiven zu
überdenken, manches lange nicht Gedachte ins
Gedächtnis zurückzurufen und für den Gebrauch
bereitzustellen.
Ein kleiner Impulsgeber, eine Einladung zum Nachdenken und lebendigen Experimentieren.

Die Unterteilung in die einzelnen Kapitel ist eher
provisorisch, zu sehr hängen die einzelnen Themen
zusammen.

❖ Empfehlungen für die therapeutische Haltung
➢ hilfreiche Fragen, die sich Therapeuten stellen
können
. *Vorschläge für mögliche Interventionen*

Eine bereichernde Lektüre wünscht Ihnen
Ihr Gerhard Vilmar

5

Willkommen!

„Die Tatsache, dass der Patient gekommen ist, genügt vorläufig als Beweis, dass die Waage der Unentschlossenheit sich zeitweise zugunsten der Therapie geneigt hat. … Den Patienten zu fragen, weshalb er gekommen sei, bietet ihm nicht den Willkomm, der immer wesentlich ist."
(Blanck/Blanck, 1978)

. *Wie ging es Ihnen, als Sie diesen Termin vereinbart haben?*
. *Was hat sich seither verändert?*
. *Was dachten Sie heute auf dem Weg hierher?*

In der Psychotherapie sind folgende Bedürfnisse der Klienten von besonderer Bedeutung:
- willkommen sein,
- sich mitteilen können,
- gesehen werden / essere est respici (sein ist gesehen werden)
- das Streben nach Kompetenz und Selbstachtung,
- Bindung, Akzeptanz und Zugehörigkeit
  (Bauer, 2013)

Jeder möchte eine möglichst gute Geschichte über sich selbst/sein Leben erzählen können - als aktiver Gestalter eines gelingenden Lebensromans.

Sergeij wurde im Alter von 7 Jahren aus Sibirien adoptiert. Er lebte in den ersten vier Lebensjahren alleine mit seiner Mutter, bis dieser das Sorgerecht entzogen wurde. Sergeij kam ins Heim. Später erzählte er seinen Freunden in Deutschland, er sei absichtlich ins Heim gegangen, um adoptiert zu werden, weil er so gerne in einer Familie leben wollte.

„Das Leben ist nicht das, was man gelebt hat, sondern das, woran man sich erinnert und wie man sich daran erinnert, um es zu erzählen." (Gabriel Garcia Marquez)

„Der Mensch wird zum dichtenden Helden, der seine Defizite durch kompensatorische Phantasien repariert." (Freud, 1909).

Geschichten retten uns!

Am Anfang ist es wichtig, den Rahmen abzustecken, in dem Therapie geschehen kann:

- ➢ Wer ist der Auftraggeber?
- ➢ Wie lautet der Auftrag?
- ➢ Wofür ist beim Klienten/Klientensystem eine Motivation da?
- ➢ Ist das Ziel realistisch und erreichbar?
- ➢ In voraussichtlich welcher Zeit?
- ➢ Mit welcher Beratungsfrequenz?
- ➢ Wer sollte mit einbezogen werden?

Arist von Schlippe (2007) unterscheidet Besucher (kommen meist nicht freiwillig, kein Veränderungs-

auftrag), Klagende (andere sollen sich ändern) und
Kunden (Veränderungswunsch und Aktivität).

. Ich möchte gerne verstehen, wie Sie leben: Lebensumstände,
  Partnerschaft, Beruf, Freunde, Hobbys, spirituelle Ausrichtung.
. Wer riet Ihnen zur Therapie?
. Wer hatte die Idee, mich anzurufen?
. Warum soll sich gerade jetzt etwas ändern?
. Was gab den Anstoß, zum Telefonhörer zu greifen?
. Was hat sich seitdem verändert?
. Was hat sich zum Positiven verändert, seitdem Sie hier angerufen
  haben?

Manchmal zeigt sich sehr schnell, dass die „Chemie"
zwischen Klient und Therapeut nicht stimmt, ein
förderliches Miteinander nicht möglich ist.

„Je früher aus einem Nicht-Passen durch Therapeuten-
wechsel Konsequenzen gezogen werden, desto besser für
beide Parteien der Beziehung." (Fürstenau, 2001)
Ein offenes, klares Wort zu dem, was beide bemerken,
ermöglicht einen respektvollen Abschied ohne
pathologisierende Zuschreibungen.
Denn sonst wiederholt sich evtl. eine Grunderfahrung
des Klienten: ich bin 2. Wahl, bin eigentlich nicht
erwünscht. Zu dieser Thematik evtl. die lebensgeschichtliche Vorerfahrung erfragen.

❖ Der Schwerpunkt liegt auf dem Handlungsdialog,
   dem Beziehungsgeschehen zwischen Therapeut
   und Klient – nicht auf der Anamnese!

Die Wahrheit ist die Erfindung eines Lügners
(Heinz von Foerster)

Früh erworbene und im Lauf des Lebens immer wieder
bestätigte „Programme", d.h. die Summe ähnlicher
Erfahrungen oder Mikrotraumen, bilden ein
Wahrnehmungsschema aus.
Die Erinnerungen formen unsere Erwartungen an die
Zukunft.

Aktuelle Situationen werden im Sinne dieses alten
Musters umgestaltet. Freud (1900) spricht von der
„Wahrnehmungsidentität".
Es werden beständig Vorhersagen über die äußeren, aber
vor allem über die inneren Bewegungen der anderen
Personen produziert und Bestätigungen für die eigenen
Annahmen gesucht.
Die anderen Personen sollen den Zuschreibungen und
Mystifizierungen entsprechen. Das System erstarrt.

„Wahrheit ist perspektivisch" (von Matt, 2001). Wir
haben das meiste, das wir wahrnehmen, selbst auf die
Welt gebracht.
„Es ist nicht die Realität des Erlebens sondern die des
Denkens für die Symptombildung maßgebend." (Freud,
1912)

„Jedermann erfindet sich früher oder später eine
Geschichte, die er für sein Leben hält." (Max Frisch)

Die Weltsicht durch die Brille der Vergangenheit führt zu „dysfunktionalen Wirklichkeitskonstruktionen"

(Nardone, 2005) im Sinne einer Selbstsabotage durch schwächende Denkmuster. Psychotherapie soll helfen, diese Verzerrungen bewusster zu machen, damit innerlich und äußerlich gegengesteuert werden kann. Die Muster bleiben lebenslänglich, aber sie haben nach erfolgreicher psychotherapeutischer Arbeit nicht mehr so eine dysfunktionale Tragweite.

Vergleichbare Zielsetzungen in der Psychotherapie und im Buddhismus:
die unbewussten Phantasien durch eine realistischere Sicht und die Kenntnis des eigenen Wesens ersetzen.
So kann Freiheit entstehen.

- ❖ Man muss nicht wissen was wirklich war, sondern die aktuelle Beziehungsdynamik auf sich wirken lassen.
- ❖ Man muss nicht alles bearbeiten.
- ❖ Es gibt keine „richtige" Psychotherapie.

Psychotherapie behandelt einen Irrtum in der Zeit
(Ietswaart)

Der schmächtige, blasse Herr H. sitzt mir vorsichtig-wachsam und unterwürfig gegenüber. Er habe es immer allen recht machen wollen, jeden Konflikt zu vermeiden versucht. Nach Kritik einiger Kunden und seines Chefs ist er zusammengebrochen: psychosomatische Beschwerden, Ängste und depressive Stimmung.
Es ist die Neuauflage der Beziehungserfahrung mit seinem despotisch-brutalen Vater, der ihn als schmächtigen Jungen stets kritisierte und hänselte, vor dem er sich stets duckte - so wie jetzt vor den Kunden, dem Chef, dem Therapeuten.

„Der Patient wiederholt, anstatt sich zu erinnern."
(Freud, 1913)
„Die Übertragung stellt eine Reinszenierung früherer Problemlösungs-versuche dar, die schon zu früheren Zeiten relativ erfolglos waren und durch ihre Transponierung auf die Gegenwart noch um einiges mehr unangemessen sind." (Mertens, 1991)

Welche Lebensbewältigungsstrategien zeigt der Klient?
„Der Patient versucht, einen Konflikt, den er als Erwachsener erlebt, mit kindlichen Mitteln zu lösen.…
ein missglückter Reparations- und Heilungsversuch."
(Hoffmann/Hochapfel,1992)

Dieses Übertragungsmuster soll dem Klienten verfügbar gemacht werden. Seine Denk-, Fühl- und Verhaltens-

11

muster sind im therapeutischen Raum konkret erlebbar und sollen genau dort aufgezeigt werden. Es gilt das

„Prinzip Antwort" (Rudolf, 2004), die emotionale Widerspiegelung aus dem Erleben des Therapeuten.

Gefühle, mit denen der Therapeut auf die Erzählung des Klienten antwortet, sind als Widerhall/Resonanz zu verstehen. Die Gegenübertragung ist neben der szenischen Darstellung auf der Bühne der Therapie das wichtigste Werkzeug zum Verstehen dessen, was im Inneren des Klienten abläuft.

Die Absicht, den Klienten zu verstehen, führt zu Identifizierungen.
Dabei können zwei Möglichkeiten der Gegenübertragung unterschieden werden (Racker, 1978)
- konkordant: der Therapeut fühlt sich/handelt wie der Klient im Dort und Damals
- komplementär: der Therapeut fühlt sich/handelt wie eine wichtige Beziehungsperson von damals.
-

„Das Bestreben des Therapeuten ist darauf gerichtet zu verhindern, dass der Patient den Therapeuten mit der Übertragung identifiziert. Daher werden Übertragungs-phänomene sofort als solche angesprochen und relativiert" (Fürstenau, 1994).

Eine mögliche Chronifizierung der therapeutischen Beziehung („rent a friend" / Kernberg) soll verhindert werden.

Die Kernerfahrung
(Ietswaart)

Edgar Allen Poe saß als 2-Jähriger am Totenbett seiner Mutter, einer beliebten Sängerin, die mit 23 Jahren an Tuberkulose verstarb. In vielen seiner Geschichten geht es um den Tod einer schönen Frau und die Wiederkehr von Totgeglaubten; so z.B. im „Untergang des Hauses Usher" oder „Das ovale Portrait", eine Kurzgeschichte, die er direkt nach dem Tod seiner Adoptivmutter schrieb. Diese wiederkehrende Thematik kann als Bewältigungsarbeit der eigenen Ohnmacht verstanden werden.
(vgl. Bonaparte, 1934)

„Noch in vielen, der sogenannten psychologischen Romane ist mir aufgefallen, dass nur eine Person, wiederum der Held, von innen geschildert wird; in ihrer Seele sitzt gleichsam der Dichter und schaut die anderen Personen von außen an." (Freud, 1908).

„Jeder erlebt schließlich nur einen Konflikt in seinem Leben, der sich nur immer anders vermummt und anderswo heraustritt." (Rainer Maria Rilke)

- ➢ Was für eine Atmosphäre wurde in der Herkunftssituation „inhaliert"?
- ➢ Welche „Kernerfahrung" (Ietswaart, 1995) besteht: Verdichtung einer Menge wichtiger Ereignisse in einer bestimmten Atmosphäre, die in der Herkunftsfamilie herrschte.

. *Wie wurde in Ihrer Familie mit Trauer/Freude/Angst …*
  umgegangen?
. *Was schaffte den Zusammenhalt in Ihrer Familie?*
. *Was für ein Spruch stand im Familienwappen?*
. *Was für ein Gefühl hatten Sie, als Sie aus der Schule nach*
  Hause gingen?
. *Welche Wünsche und Vorstellungen hatten Sie, als Sie 15 Jahre*
  alt waren?

„Die Erarbeitung des Sinns der Störung innerhalb des aktuellen wie ursprünglichen familiären Kontextes (vgl. Selvini-Palazzoli et al., 1978) eröffnet dem zu Selbstentwertung neigenden Patienten die Möglichkeit, die Achtung vor sich selbst wiederzugewinnen und allmählich Abstand zu den unter den Bedingungen ursprünglicher oder verbliebener Kindlichkeit gefundenen Lösung zu finden."
(Fürstenau, 1994)

Ein Problem erschafft ein System
(Arist von Schlippe)

Martin geht nicht in die Schule. Alles Zureden der alleinerziehenden Mutter hilft nicht. Sie geht morgens früh aus dem Haus zur Arbeit – Martin bleibt daheim. Die Psychotherapie zieht sich hin, der Therapeut ist ratlos.
Eines Tages kommt die Mutter von der Arbeit nach Hause, Martin ist nicht da. Auf dem Küchentisch liegt ein Zettel: „Liebe Mutter, bitte entschuldige, aber ich bin in die Schule gegangen."

- ➤ Vor den Klagen der Klienten das Beziehungsnetz erfragen.
- ➤ Welche Funktion hat die Symptomatik innerhalb des Systems?
- ➤ Welche „Wirklichkeit" wird in der Familie gemeinsam erzeugt?
- ➤ Welches „Familiencredo" (Stierlin, 1988) besteht?

Psychische Störungen sind sinnvolle Entwicklungen in einem gestörten System. Verhalten hat seinen Sinn nur in einem bestimmten sozialen Kontext, nicht aus sich heraus.
„Der Kontext bestimmt die Bedeutung." (Gregory Bateson)

Durch Kommunikation über ein Thema entwickelt sich ein Sozialsystem: „Ein Problem erschafft ein System."
(v. Schlippe, 2007)

„Probleme sind Probleme weil sie weiter aufrechterhalten werden. Sie werden einfach dadurch zusammen gehalten, dass man sie als ‚Probleme' beschreibt."
(de Shazer, 1995)

Zirkuläres Befragen bringt viele Informationen. Es zeigt auf, wie sich das Verhalten von Menschen gegenseitig bedingt und gibt Raum für Rückmeldungen, wie jeder von den anderen wahrgenommen wird.

Hilfreiche/zirkuläre Fragen (nach Geyerhofer/Komori, 2005):

. *Wer hat das Problem?*
. *Wer ist sonst noch der Meinung, dass dies ein Problem ist?*
. *Wer in Ihrer Familie leidet am meisten?*
. *Wer braucht sonst noch Hilfe in der Familie?*
. *Wer möchte einen Therapeuten aufsuchen und wer nicht?*
. *Wer wäre bereit, mitzukommen und bei der Lösung des Problems zu helfen?*
. *Wenn ich Sie bitten würde, als Familie zu kommen, wer würde sich am ehesten weigern?*
. *Wer möchte Sie begleiten, wer nicht?*

Weitere hilfreiche Fragen (nach Weiss/Haertel-Weiss, 1988)
. *Was würde ich sehen, wenn ich unsichtbar im Haus wäre?*
. *Wenn man einen Film von Ihrem Leben drehen würde, was würde man sehen?*
. *Wenn es das Problem nicht mehr gäbe, wie wäre der Film dann?*
. *Wie erklärt sich das Ihr Mann/Ihre Frau?*

. Kennen Sie die Sichtweise Ihrer Nachbarn, Kollegen, Freunde …
hierzu?
. Wenn ich Ihre Kinder fragen würde…
. Wenn Ihre Mutter hier anwesend wäre, was würde sie sagen?
. Wäre das auch die Sichtweise Ihres Vaters?
. Wer steht Ihnen in der Familie am nächsten?
. Wer leidet am meisten unter dem Symptom?
. Wer sonst noch?
. Wer sieht in der Therapie eine Chance?
. Wer bezweifelt, dass eine Therapie überhaupt sinnvoll ist?
. Was verspricht sich Ihr … von diesem Gespräch?

"Nicht das System muss sich verändern, sondern nur die Kommunikation rund um das Problem."
(v. Schlippe, 2007)

„Ziel der Veränderung ist nicht das Symptom, sondern die Veränderung der Interaktion der Mitglieder eines Familiensystems untereinander – der Spielregeln sozusagen. Alle weiteren Änderungen ergeben sich daraus dann meist von ganz alleine."
(Weiss/Haertel-Weiss, 1988)

❖ Die Partner als hilfreiche Personen in der Einzeltherapie: den Partner noch während der Vorgespräche einladen zum gemeinsamen Gespräch über Problematisches, Gutes, Hilfreiches …

. Ist es Ihnen leicht gefallen heute gemeinsam herzukommen?
. Wie stehen Sie zur Therapie Ihres Partners / Ihrer Partnerin?

17

. *Was wünschen Sie ihm/ihr?*
. *Was können Sie selbst als Hilfe anbieten, damit er/sie das erreichen kann?*
. *Welche Unterstützungsmöglichkeiten sehen Sie sonst noch?*
. *Was würde sich beim Erreichen Ihrer beider Wünsche in Ihrer Beziehung ändern?*

❖ Symptome interpersonell/interaktionell interpretieren
❖ Dem System (bereits vorhandene) Ressourcen unterstellen und die Aufmerksamkeit auf Veränderungsmöglichkeiten lenken
❖ Unterstellen der guten Absicht

Ich bereite meinen nächsten Irrtum vor
(Bertolt Brecht)

„Woran arbeiten Sie?", wurde Herr K. gefragt.
Herr K. antwortete: „Ich habe große Mühe, ich bereite meinen
nächsten Irrtum vor."
(Bertolt Brecht: Kalendergeschichten)

Lebensmuster bestimmen die innere Sichtweise: so ist die
Welt, so bin ich.
Darum ergeben sich immer wieder ähnliche
Erfahrungen, Variationen des gleichen Themas, eine
„Flucht im Kreis" (Luborsky, 1988. Er spricht vom
„zentralen Beziehungs-Konflikt-Thema" (ZBKT), das
sich aus zwei Komponenten zusammensetzt, die häufig
zueinander in Widerspruch stehen:
- Wunsch/Bedürfnis/Absicht einerseits und
  Konsequenz andererseits, vergleichbar der
  bekannten Kurz-Definition der Neurose:
- ein (unbewusster) Kompromiss zwischen
  Wunsch und Abwehr.

Freud beschreibt 1920 in seinem Aufsatz „Jenseits des
Lustprinzs" den „Schicksalszwang": Immer wieder
werden Situationen hergestellt, die in gleicher Weise
schmerzlich sind wie früher. Aber im Wiederholungszwang liegen auch Wunsch und Hoffnung auf
zentrifugale Impulse durch die Beziehungspersonen,
damit die scheiternsfixierten zyklische Muster endlich

19

überwunden werden können und ein neuer, besserer Ausgang ermöglicht wird.

„Im Wiederholungszwang liegt die Chance, einen entwicklungshemmenden Fremdkörper mit Hilfe einer späteren Erfahrung zu integrieren." (Holderegger, 1998)

Therapeutischer Erfolg ist eng mit Interventionen im Sinne des „Einsichtsdreiecks" nach Menninger/Holzman (1958) verbunden:

- aktueller Konflikt/Thematik mit einer oder mehreren wichtigen Personen der Gegenwart;
- Dort & Damals: vergangener Konflikt/Thematik zu einer zentralen Bezugsperson der Vergangenheit; lebensgeschichtliche Vorerfahrung;
- Hier & Jetzt: aktuelle Übertragungsandeutung in der Beziehung zum Therapeuten.

Die Interventionen des Therapeuten „durchleuchten" diese drei Bereiche und zeigen auf, dass und wie sie miteinander verknüpft sind, wie daraus das Lebensmuster gewoben wurde, das in den aktuell gelebten Beziehungen zu Konflikten führt.

➤ Wie zeigen sich die Beziehungsmuster in der Interaktion mit dem Therapeuten?
➤ Welches sind die sozialen Auswirkungen der Thematik des Klienten?

Die Lösung ist das Problem

Frau S. bemüht sich, dem Rat und Vorbild der Eltern zu folgen. Auch sie möchte eine zufriedene Lehrerin sein, in diesem Beruf heimisch werden. Doch das will nicht gelingen, zumal sie, wie sie meint, das falsche Fach studiert habe. Ihr Interesse gilt mehr Reisen und Sprachen. Sie erkennt, „dass die Perspektive als Lehrerin nicht zu meinem Naturell passt". Ihre innere Kompassnadel zeigt ihr eine neue, ganz eigene Richtung auf.

„Die entscheidende Tatsache ist nämlich, dass die Abwehrmechanismen gegen einstige Gefahren in der Kur als Widerstände gegen die Heilung wiederkehren. Es läuft darauf hinaus, dass die Heilung selbst vom Ich wie eine neue Gefahr behandelt wird." (Freud, 1937)
„Hat man lange genug das Falsche getan, wird das Fortfahren mit dem Falschen vorübergehend das Richtige." (Peter Sloterdijk)

Die unbewusste Phantasie ist wirklicher und wirksamer als alles, was im Bewusstsein vor sich geht. Es geht immer wieder um „die unerledigte und unvollendete Wirklichkeit." (Ietswaart, 1995)
Ähnliches beschreibt der Zeigarnik-Effekt: an unterbrochene oder unerledigte Aufgaben erinnert man sich besser als an abgeschlossene, erledigte Aufgaben. Und wir bedauern zu etwa 75 % das, was wir nicht getan haben, aber nur zu 25% das, was wir getan haben.

Big-Five-Lösungsblockaden (Bohne, 2010):
- Selbstvorwürfe
- Vorwürfe anderen gegenüber (Opferrolle)
- Erwartungshaltung anderen gegenüber (Passivität)
- Altersregression (man fühlt sich kleiner, hilfloser, abhängiger)
- Dysfunktionale Loyalitäten (darf ich …, auch wenn …)

„Das Wiederholen und Durcharbeiten der immer wieder auftretenden Beziehungsmuster ist das entscheidende Mittel der psychotherapeutischen Veränderung" (Luborsky, 1988), zumal die neuronalen Netzwerke langsam arbeiten.
Die Suche nach den persönlichen, erwachsenen, gesunden Denkmöglichkeiten und Lösungen ist ein Prozess - ein innerer Jakobsweg.
„Interventionen sind nicht abgeschlossen, nachdem sie gegeben wurden (Motto: *hit and run*). Viel hängt davon ab, wie man in der nächsten Stunde mit der Reaktion des Patienten auf die Intervention umgeht."
(Weiss/Haertel-Weiss, 1988)

. *Wir sollten erst einmal herausfinden was passieren würde, wenn Sie mit …. aufhören. . Was hat Sie daran gehindert, Ihr Ziel zu verfolgen?*
. *Was wäre noch schlimmer?*

❖ „Der Lösung ist es egal wie ein Problem entstanden ist." (Steve de Shazer)

Der Anstoß zur Veränderung muss vom Patienten kommen (Weiss/Haertel-Weiss, 1988).

Erziehungsberatungsstelle in Stuttgart (1980): Martin ist knapp 5 Jahre alt. Um ihm unvoreingenommen begegnen zu können, habe ich bewusst auf jegliche Vorinformationen der Eltern verzichtet.
Martin bleibt in einiger Distanz von mir mitten im Raum stehen, leicht abgewandt, und sagt: „Ich bin jetzt in einem neuen Kindergarten."
Ich: „Wie das wohl kommt?"
Martin, einen Schritt näher kommend: „Da sind Kinder gebissen worden."
Ich: „Wer so was wohl macht?"
Martin geht ganz vorsichtig und langsam an mir vorbei, streift dabei meinen Oberarm und flüstert: „Kannst du dir das nicht denken?"

> ➤ Was möchten die Klienten?
> ➤ Was können die Klienten verbal ausdrücken?
> ➤ Was können sie nur über eine Inszenierung verdeutlichen?
> ➤ Welche Worte finden sie für das Unaussprechliche?

„Was jemand als Beschwerde oder ‚Problem' darbietet, ist das Ergebnis von Entscheidungen, die bei dem Versuch gemacht werden, mit einer Situation zurechtzukommen, für die die verfügbaren Bewältigungs-strategien nicht ausreichen." (Basch, 1992)

„Der Patient ist der Experte für die grundlegende Bestimmung der Behandlungsziele." (Geyerhofer/Komori, 2005)

Therapeutische Hilfe kann nur dann sinnvoll sein, wenn jemand bei sich selbst etwas ändern möchte, nicht wenn er zur Therapie gedrängt wurde.

. *Gibt es denn auch irgendeinen Veränderungswunsch, den Sie selbst haben?*

Bei Klienten mit großer Therapeuten-erfahrung bzw. abgebrochenen Therapien, dem sogenannten „Doctor-shopping-Syndrom" oder „Koryphäen-Killer-Syndrom" (Weiss/Haertel-Weiss, 1988):

. *Sie waren schon bei so vielen kompetenten KollegInnen, haben schon so viel probiert. Und ausgerechnet ich soll Ihnen helfen können?*

. *Angenommen, ich würde bis zum Ende der Sitzung Ihr Jammern geduldig und verständnisvoll anhören, was werden Sie dann in der Zeit bis zur nächsten Sitzung ändern und von der nächsten Sitzung erwarten? (Weber & Simon, 1987)*

. *Ich bin nicht dazu da, dass ich das abkriege, was mit Ihrer Kindheit zu tun hat. (Sachsse)*

❖ "Problem talks create problems, solution talks create solutions." (Steve de Shazer)

❖ Von der Problemtrance zur Lösungstrance = inneres Ausgefüllt-Sein mit der Thematik Lösung statt dem Gedankenkreisen über die aktuellen Probleme = Wechsel von der defizitorientierten Sicht- und Arbeitsweise hin zur ressourcenorientierten.

Symptome sind Ausdruck eines Beziehungswunsches
(Thomas Weiss und Gabriele Haertel-Weiss)

Herr D. kommt wegen anhaltender Suizidgedanken nachdem seine – ebenfalls depressive – Ehefrau ihn verlassen hat. Beruflich sehr erfolgreich, aber in Beziehungen unsicher und gehemmt, fühlt er sich nie richtig zugehörig. Eine Todessehnsucht habe ihn seit der Pubertät begleitet. Im Laufe der Behandlung nimmt Herr D. Kontakt mit dem Lausbuben in sich auf, der er einmal war und der über Schule, Studium und berufliche Karriere verloren ging. Zufällig sieht er ein Plakat für einen Tangokurs und findet darüber Möglichkeiten für eine „strukturiert-experimentelle", aber auch „frech-forsche" Kontaktaufnahme zu anderen, die ihn immer mehr befreit und ihm später eine erfolgreiche Partnersuche ermöglicht.

Der Patient zeigt uns die Krücke, nicht das gebrochene Bein.
- ➢ Welche Funktion hat das Symptom?
- ➢ Wo ist die Person hinter dem Symptom?

„Generell müssen (pathologische) Überzeugungen, Beschwerden und Verhaltensweisen so lange akzeptiert werden, bis sie nicht mehr gebraucht werden und durch bessere ersetzt werden können." (Fürstenau, 1994)

. Was müsste ich tun, um dieses Verhalten bei Ihnen auszulösen?

. *Wenn Sie über Ihre Beschwerden reden, dann dauert die Behandlung länger. Wenn Sie über Ihre Lebensprobleme reden, dann gesunden Sie schneller.*

Ordnung statt Beziehung ?

„Wenn Therapeuten mit der diagnostischen Einordnung befasst sind, so ist das Folge eines Verwirrspiels des Patienten. Eindrucksvolle Symptome haben immer die Funktion, von der inneren Welt des Klienten abzulenken.

„Die Suche nach Erklärungen ist eine gemeinsame Abwehr von Therapeut und Klient." (Fürstenau)

. *Viel arbeiten ist interessanter und ungefährlicher als die Beschäftigung mit privaten Aspekten.*
. *Verhaltensweisen sind vermeidbar.*

„Symptome verselbständigen sich im Laufe der Zeit aus den ursprünglichen Konfliktbedingungen; zur Konfliktdynamik kommt eine Lerngeschichte hinzu." (Hoffmann/Hochapfel (1992).

❖ Beseitigung von Beschwerden ist ein plausibler Wunsch, aber kein Therapieziel. Wichtig ist der Abstand zu den Beschwerden.
❖ Keine Empathie für das Leiden!

Der Selbstmord ist das Ende aller Rücksichtnahme
(Martin Suter)

Eine unverständliche Suizidalität führt Frau P. zur Therapie. In Familie und Beruf geht es ihr gut, aber trotzdem hat sie ein Gefühl mangelnder Lebensfreude und gleichzeitig den Wunsch danach, „auch mal rücksichtslos sein zu können". In der „Rück-Sicht" auf die Herkunftsfamilie wird im Verlauf der Therapie deutlich, wie sehr der permanente Negativismus der Mutter über ein "versautes Leben" als Lebensunmut an sie delegiert wurde, wie sehr das mütterliche Gefühlsleben zu ihrem eigenen wurde.

„Die Mutter entscheidet (unbewusst und emotional), ob das Kind überhaupt sein darf oder welche Aspekte des Selbst zur Entfaltung kommen dürfen und welche nicht."
(Holderegger, 1998)

Notfalldeutung bei Suizidalität:
. Wenn Sie verstanden haben, dass es ein Wunsch der Mutter/ des Vaters/ des ... war, dass Sie nicht (mehr) leben sollen – dann können Sie den Impuls sein lassen.

. Sie wollen sich lieber umbringen als andere mit Ihrem Zustand zu belasten?
. Welche Ressource brauchen Sie, um weiterleben zu können?

„In der Arbeit mit suizidgefährdeten Menschen wurde die Metapher des „inneren Parlaments der Seele" genutzt

27

(Omer, 2003), um unrealistische Therapieziele zu relativieren wie, der Suizidale solle eine bedingungslos positive Haltung zum Leben einnehmen lernen. Glücklicherweise reicht es, wenn die Stimme des Lebens auch nur ein wenig über die des Todes gewinnt." (Omer/v. Schlippe, 2006)

Depression ist die Kehrseite von Grandiosität.
„Aggression ist der verzweifelte Ausdruck von Depression." (Bauer, 2013)
Spannung ist das beste Antidepressivum.

„Das Suizidthema ist nur dann ein Problem für Therapeuten, wenn Sie nicht sicher sind, ob sie mit dem Klienten genügend in Kontakt sind." (Fürstenau)

❖ Keine Identifikation mit der Resignation des Klienten.
❖ Es ist nichts zu Ende, was nicht endgültig zu Ende ist.
❖ Die innere Bindung geht über das Stundenende hinaus.

Der Körper ist der Übersetzer der Seele ins Sichtbare
(Christian Morgenstern)

„Die Abwehr von Gefühlen geht mit muskulären Anspannungen einher. Dadurch verändern sich Haltungsmuster und Atmung... Alle Sinneseindrücke, die mit den altern Erfahrungen assoziiert werden, rufen auch die alten Gefühle wieder wach. Darauf reagiert der Körper mit neuen Anspannungen. Vor allem seelische Verletzungen, die während der frühen Kindheit mit einem Gefühl von Ohnmacht und Hilflosigkeit, Ablehnung und Entwertung einhergehen, werden auf diese Weise sehr nachhaltig ‚verkörpert'."
(Storch, Cantieni et al., 2010)

Darum ist es wichtig, den in der verbalen Therapie meist „fehlenden" Körper einzubinden und den Körper wieder bewohnbar zu machen.

Am Körper orientierte Aktivitäten sind eine sinnvolle Ergänzungen zur gesprächsorientierten Psychotherapie: Aikido, Tai Chi, Feldenkrais, Atemtherapie, Yoga, (stilles) Qi Gong; Ayurveda; Lichtdusche, Macro-/Micro-movements (Storch); Musik, besonders Gesang; Tanzen; MBSR, PEP /Prozess- und Embodimentfokussierte Psychologie (Bohne); Sport.

Für Depressive wurde früher Kegeln und Tischtennis empfohlen – mit voller Kraft auf das Gegenüber! „Wer nicht zur Flucht nach vorne bereit ist, neigt zu Melancholie und Übergewicht." (Peter Sloterdijk)

Psychotherapie ist Interpretation der Bewegung

Eine Intervention des Therapeuten entspringt immer der Gegenübertragung. Freimütiges Äußern von Gegenübertragungsgefühlen gibt dem Klienten Einblick in das, was im Therapeuten abläuft. Es ist ein lautes Nachdenken. Dies fördert das Arbeitsbündnis und wirkt als Vorbild für die selbstanalytischen Fähigkeiten des Klienten.

Keine Hypothesenbildung des Therapeuten zu Fragen, die in ihm auftauchen, sondern diese Fragen unmittelbar und freimütig an den Klienten richten.
„Wenn man nicht fragt, dann kommt man ins Grübeln, was das denn alles zu bedeuten hat." (Fürstenau)

. *Mir kam gerade folgendes Bild in den Sinn: …*
. *Ich weiß gar nicht genau, wie ich es ansprechen soll, aber ich habe so ein Gefühl …*
. *Komisch, ich habe gerade gedacht, …. Vielleicht können wir gemeinsam verstehen, wie   ich ausgerechnet auf so etwas komme?*

> ➤ Was wir im therapeutischen Raum erleben ist der unmittelbare Lebensbezug der Klienten.
> ➤ Was passiert auf der Bühne der therapeutischen Begegnung?
> ➤ Welche Bewegung kann der Therapeut erkennen?
> ➤ Welche Rolle hat der Klient dem Therapeuten zugedacht?

- ➤ Welche Schlussfolgerungen zieht der Therapeut aus dem aktuellen Erleben über die lebensgeschichtliche Vorerfahrung des Klienten?
- ➤ Was für eine Atmosphäre entsteht im therapeutischen Raum?
- ➤ Wie wird der Therapeut behandelt?
- ➤ Welche Gefühle werden vom Klienten in den Therapeuten verlegt?
- ➤ Wie mutet das an / Gegenübertragung?
- ➤ Warum ist das genau so?

Dabei ist „wofür" die wichtigere Frage als „warum"!

- ➤ Was teilt der Klient verbal oder nonverbal mit?
- ➤ Was fehlt und ist doch spürbar?
  Die Präsenz des Abwesenden!
- ➤ Welche Ergänzungsrolle weist der Klient dem Therapeuten zu?
- ➤ Welche Reaktionen versucht er dem Therapeuten zu ‚entlocken'?
- ➤ Was erwartet der Klient vom Therapeuten, was soll dieser für ihn tun, für ihn sein?
- ➤ An welchem zwischenmenschlichen Drama soll sich der Therapeut beteiligen?

Das (erst einmal unbewusste) Zusammenspiel kann besser erkannt werden, wenn die Beteiligten sich folgende Fragen stellen:
- ➤ Wie erlebe ich mich?
- ➤ Wie erlebe ich dich?
- ➤ Wie erlebe ich unsere Beziehung?

Basis von Interventionen:

- Dem Weg folgen, den der Klient uns eröffnet.
- Geistiger Abstand zum Klienten, eigene Ziele loslassen. (Radatz, 2008)
- Mit dem „Widerstand" gehen – es ist gelebtes Leben.
- Erst die Gegenwart, dann die Vergangenheit deuten.
- Form vor Inhalt.
- Konjunktiv und Frageform:
  Interventionen sind Angebote, einen bestimmten Blickwinkel einzunehmen. Sie können vom Klienten übernommen oder abgelehnt werden. Fragen helfen, denn sie implizieren, dass die ‚Wirklichkeit' auch anders wahrgenommen werden kann.
- Tastende Interventionen / Hypothesen formulieren, die vom Klienten getestet werden können / es gibt immer auch andere Möglichkeiten einer Intervention.
- Auf dem Spielfeld bleiben: immer in der Beziehung/im Hier und Jetzt bleiben. Keine theoretischen Erläuterungen oder Erklärungen sondern Beziehungsreflexion/Beziehungsanalyse.
- Kontinuierliche Reflexion des Behandlungsverlaufs.
  „Meilensteine" (Luborsky, 1988) benennen: das ist der Weg, den wir schon gemeinsam zurückgelegt haben; so weit sind wir jetzt.
- Erfolge würdigen

Es geht nicht um Probleme sondern um mangelnde Fähigkeiten
(Ben Furman)

Carolin ist 14 Jahre alt, körperlich voll entwickelt und der Schwarm vieler Jungen. Sie wird zwei Mal kurz hintereinander von einem Mitschüler sexuell genötigt und erlebt sich in diesen Situationen als völlig wehrlos. Therapeutische Hilfe möchte sie nicht annehmen, greift aber gerne die Empfehlung eines Selbstverteidigungskurses auf, was ihr Selbstvertrauen enorm stärkt.

„Basis und Ziel der Psychotherapie besteht darin, einem anderen Menschen zu helfen, ‚etwas zu tun', und nicht so sehr, ihm ‚etwas zu geben'. Der Psychotherapeut ist dann effektiv, wenn er einer Person geholfen hat, effektiv zu sein." (Basch, 1992)

Fürstenau (2001) beschreibt drei zentrale Fragen, die das Gespräch mit dem Klienten bestimmen sollten:
- Vor welcher Aufgabe der Lebensmeisterung schreckt der Patient zurück?
- Auf welche regressive Lösung greifen die Patienten angesichts der jeweils zu bewältigenden Lebensaufgabe zurück?
- Wie können wir dem Patienten durch unsere Angebote und unser Verhalten helfen, den anstehenden Entwicklungsschritt zu tun?

Klärung des Regressionsniveaus:
- kleinkindhaft, anklammernd, hilflos,
- schuldkindhaft, brav,
- pubertär-triangulär
- adoleszentes Erkunden und Selbstbehauptung durch Protest

Entsprechend der regressiven „Lösung" wird eine Nachreifung initiiert, die dem Klienten helfen soll, eine erwachsene Position zu erreichen.

Es geht darum, das Kind von Dort und Damals anzusehen, seinen Blick auf das Hier und Jetzt zu wenden und zu fragen, wie ein adäquates, erwachsenes Verhalten bei den aktuellen Fragestellungen aussehen kann.

„Therapeuten missverstehen häufig ihren Beruf indem sie denken, sie müssten sich an der Symptomatik/Thematik des Klienten abarbeiten, statt an dessen Weiterentwicklung interessiert zu sein." (Fürstenau)

➢ Welcher erwachsene Umgang muss bei einer Neuorientierung erbracht werden, z.B. in der Pubertät, bei Heirat, Umzug, Arbeitsplatzveränderung, Geburt eines Kindes, Todesfall …
➢ Welche Zukunft will der Klient haben und wie möchte er darauf hinarbeiten?

Nicht die Ursache des Problems sollte im Vordergrund stehen sondern die Frage, was gelernt werden muss.

. *Was geht noch nicht?*
. *Was hindert Sie daran, jetzt ...?*
. *Was macht es im realen Leben schwer, was lässt Sie scheitern?*
. *Wie erklären Sie sich, dass das Problem entstanden ist?*
. *Wenn Ihr Problem gelöst wäre, welche Veränderung würde ich an Ihnen bemerken?*

. *Wie kann ein erwachsener Umgang mit dieser Thematik aussehen?*
Wann möchten Sie in die Pubertät kommen?
. *Was müssten Sie erlernen, um es zu schaffen?*
. *Wie können Sie das erreichen, was Sie schon vor sich sehen?*

. *Was ist Ihre schlimmste Befürchtung?*
. *Was möchten Sie in Ihrem Leben gerne bewahren*
. *Was ist der Beweis, dass Sie gelebt haben?*

Vergleiche setzen häufig Lösungspotenziale frei und schaffen neue Möglichkeiten, z.B. der „Vergleich der Größe des Problems mit der größten Stärke." (Prior, 2004) oder der Vergleich von Problemmustern mit Lösungsmustern. (Schmidt, 2005)

. *Warum sollten Sie das nicht können?*
. *Wenn man Angst hat, dann hilft nur, dass man trotz der Angst was macht. Dinge, die man nicht kann, muss man üben.*

Die 3 wesentlichsten Fragen für alle Lebensbereiche:

. *Was wollen Sie erreichen?*

. *Wie wollen Sie das erreichen?*

. *Was denken Sie, was ich dazu beitragen kann?*

„Verstehen kann man das Leben oft nur rückwärts, aber leben muss man es vorwärts." (Sören Kierkegaard)

❖ Verbalisierendes Begleiten und humorvolles Karikieren der Wirklichkeit des Klienten.

❖ Problem ist ein pessimistisches Wort für Herausforderung.

❖ Fokussierung auf hilfreiche Erfahrungen. (Erickson, 1994)

❖ Das Gesuchte als schon vorhanden implizieren. (Prior, 2004)

❖ Von Sichtweisen zu Verhaltensweisen.

❖ Unterstellen des Gesunden.

Die Phantasie bereichert unser Leben nur dann, wenn wir ihr erlauben, von unserem Leben verschieden zu sein.
(Robert Pfaller)

Bisher Geleistetes und Erreichtes sollte stets positiv konnotiert und gewürdigt werden.
. *Was gelingt am besten?*
. *Worauf können Sie sich verlassen?*
. *Auf welche Leistungen dürfen Sie stolz sein?*
. *Welche Strategien haben sich in Ihrem Leben bisher bewährt?*
. *Was gibt es Gutes, an das Sie sich halten können: Glaube, Kunst, Literatur?*
. *Welche Personen sind für Sie hilfreich?*

Die positive Konnotation stärkt das Selbstwertgefühl: Entdeckerfreude und Gestaltungslust (Hüther, 2004) initiieren.

. *Ich erlebe Sie sehr motiviert.*
. *Sie haben eine hohe Bereitschaft zur Übernahme von Verantwortung.*
. *Wer viel erlebt hat, neigt zu Überforderung.*
. *Wenn man sich hilflos fühlt, ist man schnell erschöpft.*
. *Sie haben wohl ein großes Bedürfnis nach Sicherheit, Vertrautheit, Überschaubarkeit.*

Umdeuten und positiv konnotieren / Refraiming
(Virginia Satir)

. Sie nehmen offenbar alles sehr ernst.
. Sie sind anscheinend sehr gewissenhaft.
. Ich spüre, wie verantwortungsvoll Sie sind.
. Ich erlebe Sie sehr engagiert.
. Ich bekomme hier deutlich mit, wie sehr Sie belastet sind.
. Sie machen sich wohl sehr viele Gedanken.

. Im Moment haben Sie alles getan, was Sie hätten tun können.
. Dabei begleite ich Sie gerne.

- Depressives Erleben > Dinge ernst nehmen, sensibel, rücksichtsvoll.
- Zwanghafte Züge > sorgfältig, genau, prüfend, gründlich.
- Narzisstische Aspekte > richtige Lösungen suchend, hoher Anspruch.

„Der Therapeut gibt Anreize und fördert die Eigeninitiative. Er hilft bei der Entwicklung adäquaterer Lösungen. Er ist der Impulsgeber, der die Wahlmöglichkeiten des Systems erhöht." (von Schlippe, 2007)

Therapeutisch hilfreich ist die Unterschiedserfahrung
. In welchen Umständen geht es Ihnen gut?
. Wie können Sie diese Umstände wahrscheinlicher machen?
. Was wäre nötig, damit Sie das morgen nachmachen können?
. Was für einen Lebensentwurf hatten Sie mit 14/15 Jahren?
. Worin unterscheiden Sie sich von Ihren Eltern?

„Systematische Angebote der Aufmerksamkeitsfokussierung in entlastende, auch schutz-, kraft- und zuversichtsorientierte Erfahrungen." (Schmidt, 2005)

Wunderfrage nach Steve de Shazer (1995):

. *Angenommen, es würde eines Nachts, während Sie schlafen, ein Wunder geschehen, und Ihre Probleme wären gelöst.*
. *Wie würden Sie das merken?*
. *Was wäre anders?*
. *Wie würde Ihr Ehemann davon erfahren, ohne dass Sie ein Wort darüber zu ihm sagen?*

❖ Die Klienten zu Neugier und Entwicklungsarbeit anregen.
❖ Gemeinsam mit dem Klienten Möglichkeitsräume erforschen.
❖ Wandlungsfähigkeit betonen.

Ein konturiertes Gegenüber

Die Negativ-Erfahrung: meine erste Analyse in Straßburg bei einem bekannten Vertreter der Lacan-Schule. Immer wieder meine Wünsche und meine Versuche, eine Reaktion des Therapeuten zu bekommen. Schweigen! Dann endlich in der 9. Therapiestunde der erste Satz. Nachdem ich gesagt hatte, dass mir schon bewusst sei, dass in der Lacanschen Schule von Therapeuten wenig gesagt werde, antwortet der Analytiker: „Vorurteil steht auf der Seite des Widerstands!" Es folgen viele weitere Stunden des „therapeutischen" Schweigens.

„Psychotherapie geschieht dort, wo zwei Bereiche des Spielens sich überschneiden: der des Patienten und der des Therapeuten. Psychotherapie hat mit zwei Menschen zu tun, die miteinander spielen. Hieraus folgt, dass die Arbeit des Therapeuten dort, wo Spiel nicht möglich ist, darauf ausgerichtet ist, den Patienten aus einem Zustand, in dem er nicht spielen kann, in einen Zustand zu bringen, in dem er zu spielen imstande ist."
(Winnicott, 1971)

Der Therapeut arbeitet mit dem Material des Klienten vergleichbar der Interpretation eines Traums, der nicht so genommen werden kann, wie er geträumt wurde. Es geht vielmehr darum, ihn zu drehen und zu wenden, mit seinen verschiedenen Teilen zu spielen, Gefühle und Personen zu „verwechseln", den Anfang zum Ende zu machen und das Ende zum Anfang, hinzuzudichten und immer wieder aus den verschiedensten Blickwinkeln auf Teile des Geschehens zu schauen und sich zu fragen, wie

es sich nun anfühlt. Bis sich aus dem unablässigen Jonglieren mit den einzelnen Puzzlesteinen ein nachvollziehbares, neues, animierendes Bild ergibt.

„Lernen am Vorbild des Therapeuten." (Kutter et al., 1988)
Der Therapeut ist wichtiges Vorbild als ein klares, konturiertes Gegenüber, keine sprechende Attrappe (Moser, 1991) und nicht als Mutter verkleidet mit archaischen Urlauten. (Cremerius, 1980)

Als Kooperationspartner und Autorität, die das Setting bestimmt, gibt der Therapeut Halt.

Die Grenzen des Klienten sind durch die Grenzen des Therapeuten gegeben. (Freud, 1937)

Die Klienten verführen und verstören – vergleichbar der Philosophie:
„Seit jeher hat die Philosophie zwei Aufgaben: die Menschen in Verwirrung zu stürzen und ihnen zur Klarheit zu verhelfen." (Seel, 2015)

„Verwirrung ist stets der Beginn des kreativen Wandels." (Thomas Weiss)

Ein mögliches Vorbild: Inspektor Colombo (Peter Falk). Er beobachtet alles ohne sogleich zu interpretieren, er irritiert, taucht tief in das Milieu ein, fragt zirkulär und verunsichert.

Zitate aus dem Film „Black Lady" (1989):
. Also, ich komme da nicht weiter, da müssen Sie mir helfen.
. Ich kann Sie natürlich nicht zwingen darauf zu antworten.
. Ich verstehe, ich belästige Sie hier dauernd mit Fragen.
. Ich bin nicht sicher, ob Sie das schon verkraften können.
. Ich gebe zu, dass das kein erfreuliches Thema für Sie ist.
. Das fällt mir jetzt bestimmt nicht leicht.

Therapeuten sind häufig zu abwartend-einfühlsam / aggressiv gehemmt. „Die ‚Beißhemmung' des Therapeuten kommt von der Langzeittherapie." (Fürstenau)

❖ Keine Kosmetik am Vulkan.
❖ Keine Dekoration der Leere.
❖ Große Gefühle gehören in die Oper.
❖ Kontur zeigen, (an)fassbar sein und forsch/direkt.
❖ Kein Zehenspitzengang und keine Schonhaltung.
❖ Kein verstehend-einfühlsamer Schiefhals.
❖ Nicht waghalsig, aber wagemutig.
❖ Respektlosigkeit gegenüber jeglichen Gewissheiten.

Der Schwerpunkt liegt eindeutig auf der Zeit *außerhalb* der Stunde.
(Thomas Weiss und Gabriele Haertel-Weiss)

Zeit nehmen, auf das Tempo achten, nicht drängeln und auch nicht bedrängen lassen.
„Lasst uns dem vorschnellen Verständnis unablässig Knüppel zwischen die Beine werfen." (Cremerius, 1990)
Für das Verständnis des Problems braucht es häufig mehr Zeit als für die Lösung.

Patienten sollen (meist) beruhigt und mit Orientierung gehen. Am Ende der Therapiesitzung sollte der Klient weniger Spannung spüren als am Anfang.
Pragmatische Vorgehensweise, z.B. über Beobachtungsaufgaben:
. Achten Sie doch bis zur nächsten Stunde besonders auf ...!

„Da sich aus den therapeutischen Sitzungen handlungs-mäßige Konsequenzen (Aufgaben) ergeben, ist das Intervall als Erfahrungschance mindestens ebenso wichtig wie die therap. Sitzungen." (Fürstenau, 1994)
„Die größte Gefahr, die den Analytiker umgibt, liegt in seiner Neigung, sich in elitärer Weise disponiert zu fühlen, anderen Menschen in der Bewältigung ihrer Konflikte helfen zu können." (Morgenthaler, 1978)

❖ Die Verantwortung bleibt beim Klienten.
❖ Freiheit zum Scheitern.
❖ Blickwinkel des Beobachters / Wissenschaftlers.

Veränderungsbegleitung

(Peter Fürstenau)

Die nachfolgenden Therapeutenvariablen haben sich wirkungsvoll erwiesen:

Neugier, Spielfreude, Talent zum Staunen, Offenheit, Empathie, Echtheit, Wertfreiheit, Toleranz, Intuition

Absichtsloser Anfänger-Geist.
Absichtslose Absichtslosigkeit.
„Denke nicht sondern schau." (Wittgenstein)
"No memory, no desire." (Wilfred Bion, 1967)
„Der Reisende, der vorher alles weiß, sieht auf Reisen nichts mehr." (Willibald Alexis)
Freischwebende Ziellosigkeit

Ruhige Stabilität, einfühlsames Verständnis, Warmherzigkeit, Mut, Offenheit, Ermunterung, Klarheit, Beziehungsempathie, Zuversicht, Vertrauen, Humor.
Forschendes Verstehen (J.G. Droysen)
Die Dinge beim Namen nennen (Omer/von Schlippe, 2006)
Achtungsvoll den bisherigen Sicht- und Handlungsweisen gegenüber (Schmidt, 2005)

Orientierung des Therapeuten an der aktuellen psychischen Oberfläche; Freud nannte es „Takt" –

take the obvious/das Offensichtliche ansprechen, das, was dem Klienten selbst schon „auf der Zunge liegt" - nicht die glanzvolle Tiefendeutung.

Pacing: mit dem Patienten (in seinen Fußspuren) mitgehen. Nur Worte benutzen, die der Klient eingebracht hat.

Im Coaching ist es eher hinderlich, wenn der Coach sich zu gut auskennt. Das verhindert weiterführende, unbefangene Fragen. Es gilt die Kunst des Nichtwissens. Neugier nutzt die Unwissenheit des Therapeuten als Ressource.

Manchmal kann es sinnvoll sein (insbesondere bei phobischen Störungen), ohne sich auf den Klienten festzulegen, ins Gespräch zu kommen. Den Klienten zu einem Palaver zu verführen und auf die Beziehungsebene zu lenken. Ein eher unbefangenes Gespräch miteinander, unvoreingenommene Neugier für dies und jenes, bis sich langsam ein konkreteres Bild des zentralen Beziehungs-Konflikt-Themas herauskristallisiert.

Als die Amerikaner in den 60er Jahren des letzten Jahrhunderts einen erhöhten Bedarf an Therapeuten feststellten, fragten sie sich, welche Berufs-gruppen noch dazu gewonnen und speziell geschult werden könnten: beste Ergebnisse zeigten Hausfrauen, Barkeeper und Friseure!

„Menschen dazu einladen, zu handeln und dadurch ihr Selbstbild zu stärken." (Erickson, 1994)

„Rückgriff auf erfahrungsabhängige, herausgeformte handlungsleitende, das Denken bestimmende, Orientierung gebende innere Bilder." (Hüther, 2004)

. *Was soll am Ende der Sitzung geschehen sein, dass Sie sagen können, dass es sich gelohnt hat herzukommen?*
. *Was sollte heute hier passieren?*
. *Was erwarten Sie heute von mir?*
. *Was erwarten Sie heute von sich?*

❖ Kreativität und Spiel.
❖ Therapeutische Allianz, Interesse am Bündnis, Kooperation.
❖ Emanzipatorisches Modell: Befähigung zur Selbstwirksamkeit.
❖ Das Abenteuer des Nichtwissens.
❖ „Mut zur Dummheit." (Balint, 1957)

Problemverständnis führt nicht zu Lösungen

Jean Paul Sartre betritt ein Café, und der Kellner fragt, was er gerne hätte.
Sartre sagt: „Eine Tasse Tee mit Zucker, aber ohne Sahne." Der Kellner
verschwindet, kommt aber wieder und entschuldigt sich. „Tut mir leid,
Monsieur Sartre, wir haben keine Sahne. Wie wäre es ohne Milch?"
(zitiert nach Bakewell, 2016)

„Nicht Einsicht des Patienten in Hintergründe seiner
Störung ist Sinn und Ziel der Psychotherapie, sondern
ein gesünderer, reiferer, zu weiterer Entwicklung fähiger
Mensch (bzw. Familie)." (Fürstenau, 1994)

„Von der Wahrnehmung eines Problems wegbewegen
hin zu einem Bewusstsein der Fähigkeit, die erforderlich
ist, um das Problem zu überwinden." (Furman, 2005)

Problematische Denkmuster aufzeigen:
- automatische Gedanken,
- absolutistisches/verallgemeinerndes Denken,
- Verzerrungen,
- unlogisches und/oder unangemessenes Denken.

Zielsetzungen:
- Aktivitätssteigerung
- Kognitionsänderung
- Kompetenzsteigerung

Das Ziel ist erreicht, wenn Selbstwirksamkeitserleben gespürt werden kann - schöner ausgedrückt: Kompetenzvergnügen!

Michael Basch (1992) zeigt die Entwicklungsspirale auf: Entscheidungen >Verhalten >Kompetenz > Selbstachtung > Entscheidungen > Verhalten >>>

Umkehrtechnik:
. *Was müssten Sie tun, damit alles noch schlimmer wird?*

Regieanweisungen einfordern:
. *Was soll ich jetzt mit dem machen, das Sie mir gerade gesagt haben?*

Sich vom Patienten für die Behandlung motivieren lassen.
Die wahrnehmbare Aktivität sollte beim Patienten sein.
. *Woran kann ich erkennen, dass Sie ....?*

Unsere Therapie:
. *Was erleben Sie hier?*
. *Wie geht es Ihnen, wenn Sie hier herkommen?*
. *Woran kann ich erkennen, dass Ihnen unsere Gespräche helfen?*
. *Welche Wegstrecke haben wir bisher gemeinsam zurückgelegt?*
. *Was sehen Sie, was sehe ich?*

Kurative Faktoren nach Luborsky (1988):
- Selbsterfahrung und Selbstverständnis;
- die hilfreiche Beziehung;
- Bedeutung der Therapiebeendigung.

Wirkfaktoren der Psychotherapie nach Grawe (1994):

- Hilfreiche therapeutische Beziehung;
-

- Ressourcenaktivierung (Stärken, Fähigkeiten, Interessen, Möglichkeiten);
- Problemaktualisierung: Probleme werden unmittelbar im Therapiesetting erfahrbar (evtl. über Rollenspiele, Imaginationsübungen, …);
- Motivationale Klärung: Ursachen, Hintergründe, Aufrechterhaltung des problematischen Erlebens und Verhaltens;
- Positives Erfahren mit der Problembewältigung.

Nicht die Vergangenheit sondern die Zukunft bestimmt die Gegenwart
(Paul Watzlawik)

Regel eins: Komplimente.
Anerkennung des bisher Geleisteten / Erfolge würdigen.
Willkommen heißen / Verständnis und Mitgefühl /
Neuformulierung des Konflikts als bislang sinnvolle
Lösung in einer unvollendeten Wirklichkeit.

Angstreduzierend aber deutlich:

> ➢ Warum sollte der Klient jetzt etwas ändern?
> ➢ Was wäre noch schlimmer als die jetzige
>   Symptomatik / Thematik?

Schlechte Erfahrungen in der Lebensgeschichte bieten
keine Entschuldigung für mangelnde soziale Interaktion.

. *Es gibt sicherlich sehr verständliche Gründe, warum Sie denken,*
  das nicht zu können. Aber das Leben verlangt das jetzt von
  Ihnen.
. *Haben Sie sich je den Gedanken erlaubt, dass … ?*
. *Welches Leben möchten Sie geführt haben?*
. *Freiheit oder Bequemlichkeit?*

Vorstellungsbild einer angenehmen Zukunft und
gelingenden Lebensgestaltung. (Storch, 2011)
Verhalten im Lösungszustand. (Radatz, 2008)
Fragen, die Gesuchtes als vorhanden implizieren - Noch
nicht / in der Vergangenheit. (Prior, 2004)

Kein betreutes Denken, sondern Stärkung der Eigenverantwortlichkeit.

. *Wie können Sie Ihr Leben farbiger gestalten und ihm mehr Sinn geben?*
. *Auf welche Zielvorstellungen möchten Sie hinarbeiten?*
. *Ich möchte Ihnen gerne dabei helfen, ...*
. *Geben Sie dem Schicksal eine Chance, gut für Sie zu sorgen!*
. *Lassen sie es einfach passieren.*
. *Nützen Sie das, was die Vergangenheit Ihnen mitgegeben hat.*

Ziele müssen Lebensziele sein.
. *Was möchten Sie im Leben (!) gerne erreichen?*
. *Kann es sein, dass ...?*
. *Könnten sie sich vorstellen, dass Sie ...?*
. *Welches Lebenskonzept haben sie für die Zukunft?*
. *Welches Ziel ist realistisch?*
. *Wie sollte das neue Leben aussehen?*
. *Was möchten Sie aus Ihrem Leben machen?*
. *Auf welche Zielvorstellungen möchten Sie hinarbeiten?*

. *Ich möchte Sie anregen darüber nachzudenken ...*
. *Was würde passieren, wenn Sie ...?*
. *Welche Gelegenheiten haben Sie zu zeigen, wie viel Power Sie haben?*

Die Faszination des mit dem Therapeuten erarbeiteten neuen Lebensweges motiviert den Klienten für eine Richtungsänderung.

➢ Wo ist die Aktivität? Beim Klienten oder beim Therapeuten?

51

Hinter jeder Ecke lauern ein paar Richtungen
(Stanislaw Jerzy Lec)

Verinnerlichte emotionale Interaktionsmuster /
generalisierte Interaktionsrepräsentanzen aufzeigen:
. *Welche Erfahrungen in Ihrer Kindheit sind wohl dafür
verantwortlich?*
. *Damals war das wohl für Sie die beste aller Möglichkeiten.*

Interventionen zur Zuversicht (in Anlehnung an Furman,
2005)
. *Sie hatten früher schon mal Erfolg.*
. *Sie haben kürzlich Fortschritte gemacht.*
. *Sie verstehen, wie wichtig das für Sie ist.*
. *Sie haben einige tolle Helfer, die Sie unterstützen.*

Therapie soll Anstoß dafür geben, Verantwortung für
sich selbst und das eigene Leben zu übernehmen.
Chronifizierung der therapeutischen Beziehung
vermeiden.
Keine Fixierung auf mütterliche oder väterliche Figuren.

Den Dialog zwischen Kind-Ich und Erwachsenen-Ich im
Klienten herstellen.
Ohne Selbstachtung keine Veränderung. Aber auch eine
verbesserte Handlungskompetenz führt zu einem
veränderten Selbstwertgefühl.

. *Was ist erwachsen, was kindlich?*
. *Wie verhalten sich Eltern?*

. *Wie sollten sich Kinder verhalten?*

. *Ich habe das Gefühl, Sie wollen mir die Verantwortung für die Veränderung überlassen.*
. *Was würden Sie einem Freund in einer ähnlichen Situation raten?*

Hilfreiche Fragen, um sich ein Leben ohne das Problem vorzustellen und zu beschreiben (Geyerhofer/Komori, 2005):
. *Was soll anders werden?*
. *Wie sollen sich die Dinge für Sie verändern?*
. *Wie würde sich Ihr Leben verändern, wenn das Problem Sie nicht mehr stört?*
. *Wie würde Ihre Familie bemerken, dass Sie beginnen, die Symptome zu bekämpfen?*
. *Was würden Sie anders machen?*
. *Wenn Sie das Problem nicht mehr bekämpfen, was würden Sie stattdessen machen?*
. *Wenn wir bei Ihnen zu Hause wären, wie würde ich bemerken, dass Sie auf dem richtigen Weg sind?*

„Man erreicht das Ende, so oder so, als Pfeil oder als Treibgut." (Philip Roth)

❖ Selbständigkeit, Selbstvertrauen, Selbstverständnis

Die beste Möglichkeit Träume zu verwirklichen ist aufzuwachen
(Chinesisches Sprichwort)

„Die Lösung ist schon vorhanden, sie muss nur noch vom Patienten entdeckt werden. Die Aufgabe des Therapeuten ist demnach nicht die ‚Bearbeitung‘ eines Problems, sondern das gemeinsame Herausfinden eines möglichen Lösungsweges, den der Patient allein beschreiten kann." (Weiss/Haertel-Weiss, 1988)

. *Was wäre nötig, damit Sie nachher anderes handeln?*
. *Wie könnte der erste Schritt aussehen?*
. *Was könnten Sie von Ihren Kindern lernen?*
. *Vielleicht kann ich Ihnen helfen, mal was anderes zu probieren.*
. *Sie wissen offenbar noch nicht so recht, wie Sie ….*
. *Vielleicht sollten wir erst einmal versuchen herauszufinden, was passieren würde, wenn Sie …*
. *Was Sie wohl noch nicht verstanden haben, warum Sie nicht altersgemäß leben. Und unser Vertrag hier besagt ja, dass ich Ihnen helfe, dass Sie sich altersgemäß entwickeln.*

Suggestive Komponenten:

. *Wenn Sie gut zu sich sein wollen …*
. *Wenn wir noch ein paar Mal mit einander gesprochen haben werden Sie merken, dass Sie schon anders reagieren können.*
. *Sie sollten nicht jede Woche kommen. Das sieht ja so aus, als ob Sie nicht alleine laufen könnten.*

. *Wenn man Angst hat auf andere zuzugehen, dann hilft nur, es trotz der Angst zu machen.*

. *Ihre Schuld haben Sie schon lange abgetragen.*
. *Ich wünsche Ihnen sehr, dass Sie Verantwortung für Ihr Leben übernehmen können.*
. *Und wenn es Ihnen dann besser geht, dann ...*
. *Das ist Ihnen ja jetzt bereits gut gelungen.*

. *Nun, Sie wissen ja, wie Sie da rauskommen.*
. *Ich mache das zu meiner Wirklichkeit.*
. *Die with memories, not dreams.*
. *Vom Tümpel ins Meer!*

Konkrete Beobachtungs- und Verhaltensaufgaben
. *Achten Sie mal auf ...*
. *Die Lösung besteht meist darin Dinge zu tun, die man eigentlich nicht tun möchte.*
. *Ich kann verstehen, dass Ihnen das jetzt schwer fällt, aber das muss wohl trotzdem sein.*
. *Sie sind offenbar nicht sicher, wie Sie sich anderen zumuten dürfen.*

Die wichtigsten Erfolgsvariablen für Psychotherapie (Luborsky, 1988):
-   eine optimistische Erfolgserwartung des Klienten
-   Ähnlichkeit zwischen Therapeut und Klient

Das deutlichste Zeichen der Neurose ist die Partnerwahl

Frau P. kommt wegen diffuser Ängste und Hemmungen. Sie traut sich kaum raus, ist schüchtern und nicht durchsetzungsfähig. Ganz anders ihr Ehemann, ein einfallsreicher, aktiver Geschäftsmann mit vielen Kontakten. Die Ehe hat Ähnlichkeit mit der Elternehe (Vater Despot, Mutter unscheinbar). Die therapeutische Arbeit ist bald erfolgreich: Frau H. gewinnt mehr Kontur, traut sich zunehmend mehr zu und findet für sich neue, interessante Lebensbereiche, auch wenn im Binnenverhältnis der Ehe die Positionen ähnlich bleiben.

Einige Jahre nach Beendigung der Therapie bittet Frau H. um ein Gespräch. Sie fragt mich ernsthaft, ob ich fände, dass sie wieder behandlungsbedürftig sei; sie habe die Leitung der Firma übernommen, reise viel, habe Spaß am Helicopter-Skiing – und ihr Mann sei nun häuslich, verlässlich und eher ein wenig depressiv.

Meist ist es in den Paarbeziehungen wie bei einem Wetterhäuschen (Vilmar, 2009): einer ist drinnen, einer ist draußen; Achse und Drehpunkt sind starr.

Moeller (1988) spricht von Paarsymmetrie: „Was in mir vorgeht, geht auch in dir vor, da wir beide durch ein gemeinsames unbewusstes Thema bewegt werden. …. Dasselbe Thema wird durch verteilte Rollen wiedergegeben, also aufgespalten: der eine schweift herum, der andere klammert, wenn beide beides wollen." Die Wahrheit beginnt zu zweit. (Moeller, 1988)

Michael Balint (1972) wählte dafür das Bild des Zauns: einer ist zuständig für die Zaunlatten (Konstanz und Verlässlichkeit), der andere für die Zwischenräume (die luftige Weite). Es kann nur beides zusammen gesehen werden.

Eine Krise in der Partnerschaft kann nicht einem einzelnen zugeordnet werden, denn jeder heiratet seine Neurose.
. *Was möchten Sie als Paar schaffen?*
. *Was schaffen Sie noch nicht?*

Wichtiges Kriterium einer erwachsenen Beziehungsform: mit der Partnerin/dem Partner transparent und offen umgehen können, sich zumuten, d.h. offen mit den eigenen Ecken und Kanten umgehen – auch wenn dies nicht gleichbedeutend damit ist, dass man sich besser verstehen muss.

. *Ehe ist immer auch ein Risiko.*
. *Mir ist nicht klar, wie Sie überhaupt miteinander leben wollen.*
. *Mir ist nicht klar, ob Sie ein gemeinsames Lebenskonzept haben.*
. *Vielleicht könnten wir herausfinden, wie Sie beide wirklich   zueinander stehen und wie Sie sich Ihr gemeinsames Leben miteinander vorstellen.*
. *In welchen Situationen verstehen Sie sich überraschenderweise besser/gut?*

Drei Sätze von Bert Hellinger:
„Der richtige Partner ist schwer zu finden. In der Regel genügt ein guter."
„Streit ist Erholung von der Liebe."
„Das Haupthindernis für die Versöhnung ist der Partner, der sich im Recht fühlt."

„Der Königsweg besteht wohl darin, zwar zueinander zu stehen und füreinander zu sorgen, aber dem Partner auch genügend Freiräume zu lassen, um die eigenen Träume verwirklichen zu können."
(Sozialpsychologie Mannheim, 2013)

Paarbeziehungen sind Doppelselbstmord in Zeitlupe.
(aus dem Film "Süßer September", 2015)

„Entweder man hat Nachsicht mit den Unzuläng-lichkeiten des anderen, oder man sollte schleunigst das Weite suchen."
(Joachim Meyerhoff: Die Zweisamkeit der Einzelgänger)

. *Es bekommt der Ehe gut, wenn jeder ein Eigenleben hat.*
. *Lassen Sie uns doch überprüfen, wie Sie weiter zusammenleben können, wie viel das Ich neben dem Wir braucht.*

Partnerschaft neigt, wie jede Beziehung zu Routine und Homöostase. Lebendigkeit hat viel mit Neugier auf die (noch) unentdeckten Seiten des Partners – und die eigenen! – zu tun. Hilfreich sind die Zwiegespräche nach Moeller (1986, 1988), die verhindern können, dass man „bis zur Unkenntlichkeit verheiratet" ist.

. Was haben Sie an Ihrer Partnerin/Ihrem Partner gemocht, als Sie sich kennengelernt haben?
. Was ist davon heute noch spürbar?
. Was hat Ihre neue Partnerin/Ihr neuer Partner, was Ihre Frau, Ihr Mann nicht mehr haben?

Die meisten Menschen verfallen, so meint der französische Philosoph Gabriel Marcel in eine „Verkrustung, eine erstarrte, verhärtete Lebensform, als ob jeder von uns eine immer härte werdende Kruste absondert, die ihn einschließt." (zitiert nach Bakewell, 2016)

Es erscheint prognostisch günstig, wenn gemeinsam um die Schwierigkeiten und Unmöglichkeiten in der Beziehung getrauert werden kann und die Begrenztheiten/Realitäten anerkannt werden. Gemeinsame Traurigkeit entsteht auf der Basis gegenseitigen Respekts und schützt vor Schuldzuschreibungen.
. Können Sie gemeinsam darüber traurig sein, dass es so ist wie es ist?
. Die Trennung gelingt, wenn der Vorwurf aufhört.
. Nicht der andere ist das Problem, sondern die Art wie Sie miteinander umgehen.

„Zu schade, dass man am Ende einer Beziehung nicht in die Zukunft schauen und sehen kann, wie der andere Jahre später aussieht. In drei Viertel der Fälle wäre es mit den Tränen und dem Liebeskummer schlagartig vorbei. Man würde nur befreit lachen."
(Jean-Philippe Blondel: 6 Uhr 41)

59

In der Beziehung bestimmt stets derjenige, der etwas nicht will.

Hilfreiches für Paare:
-    Ich liebe dich wegen deiner guten Eigenschaften und trotz manch anderer.
-    Keine Zuschreibungen /Mystifizierungen sondern Neugier.
-    Keine unausgesprochenen Erwartungen .
-    Keine Absolutheitswünsche.
-    Unfallträchtige Kreuzungen vermeiden statt sie zum beständigen Kumulationspunkt der Auseinandersetzung zu machen.
-    Suche nach dem kleinsten gemeinsamen Nenner / Konsens, z.B. über   „Stellenanzeige" (Moeller, 1988): Was biete ich? Was suche ich?
-    Vertrauensbildende Maßnahmen

Kinder sind Fremde, mit denen zusammenzuleben man zugestimmt hat
(Jeffrey Eugenides)

R. ist sauer auf ihre Eltern. Sie hat mit ihnen ein Abkommen zu den Handykosten. Aber die Eltern fordern nie das Geld, das sie zu viel vertelefoniert hat, zurück. R. verliert den Respekt vor ihren Eltern, weil diese ihr die notwendige Auseinandersetzung verweigern.

Erziehen heißt vorleben – alles andere ist höchstens Dressur. Kinder brauchen nicht nur Grenzen, sie erwarten Grenzen, damit sie sich selbst zunehmend besser definieren können. Sie haben ein Recht auf Orientierung und Halt, auf eine „Leitplanke".

Respekt ist ein Bumerang: er kehrt zurück.

Erst handeln, dann verstehen!
Problematische Sozialromantik: einfühlen statt einfordern; verstehen statt konfrontieren.

Verstehen kann man viel, akzeptieren wenig.
Nicht gute Mutter sondern genügend gute Mutter (Winnicott, 1999) = Entwicklungsanreize, Hilfe zur Selbsthilfe und Mündigkeit.

Kinder wissen: wer viel redet handelt meist nicht mehr.

Erreichbare und messbare Ziele anstreben.

Nicht über Positionen sprechen sondern über Ziele, die sich dahinter verbergen. Dort befinden sich die Gemeinsamkeiten für die Konfliktlösung.

Aus jedem angedachten Statement eine Frage drechseln, um möglichst wenig Widerstand zu erzeugen und im Gespräch zu bleiben.

Den Raum zwischen Impuls und Handlung vergrößern.

Gefühle nicht infrage stellen.

Kinder müssen Kinder sein dürfen, Erwachsene müssen Erwachsene sein wollen.

Essentielle Diskussionen erst ab ca. 12 Jahren.
Erklärungen und Begründungen überfordern die Kinder häufig.
Nicht das „ob" sondern nur das „wann" dem Kind überlassen.

Schulterschluss der Eltern entscheidend, denn Kinder finden immer die Lücke.

„Demokratie kann nicht so weit gehen, dass in der Familie darüber abgestimmt wird, wer der Vater ist." (Willy Brandt)

Das an die Kinder verlorene Terrain zurückgewinnen.

„Meine Mutter hatte einen Haufen Ärger mit mir, aber ich glaube, sie hat es genossen." (Mark Twain)

Adoleszenz: Verlassen oder Verschlungen-Werden

Martin kommt im Alter von 15 Jahren zu mir in Therapie. Die Eltern sind ziemlich bizarre Persönlichkeiten, seine Schwester ist psychotisch. Martin ist hochbegabt und rettet sich in dem für ihn unverständlichen und beziehungsdiffusen Elternhaus in eine Welt phantastischer Zeichnungen. Ein Selbstbild zeigt eine gefesselte Person auf einem Sockel mit einem strahlenden Kopf. Martin sagt, das seien die ungeweinten Tränen, die sich in seinem Kopf zu einem Diamanten verdichtet haben.

Die Pubertät beginnt mit Geheimnissen.
Protrahierte Kindheit ist ein westliches Problem: da es in unserem Kulturkreis keine Initiation gibt, die mit verstärkter sozialer Verantwortung verbunden ist. Darum suchen die jungen Menschen besonders nach Kompetenz, Selbstwirksamkeit und Selbstachtung.

Gleichzeitige Angst vor dem Verlassen-Werden und dem Verschlungen-Werden.
Orientierung an den Peergroup-Idealen.
„Allergie" gegen alles, was mit Ähnlichkeit mit den Eltern zu tun hat und Auseinandersetzung mit den inneren Repräsentanzen der Eltern.
Wegen der angestrebten Verselbständigung gibt es bei Jugendlichen u.U. eine Ablösungsschuld.
Ausprobieren von Rollen und langsame Identitäts-konsolidierung.

Endgültige Ausreifung des präfrontalen Kortex (verantwortlich für vorausschauendes Denken, Einfühlung in das, was das eigene Handeln für andere bedeutet …) - bei Mädchen mit ca. 21, bei Jungen erst mit ca. 23 Jahren!

Verzweifelte Eltern:
Mach was ich will oder du kannst machen was du willst! Auch bei scharfen Auseinandersetzungen immer wieder Gesten der Versöhnung wichtig. Und die Freiheit zum Scheitern!

Schweigepflicht und Loyalität:
Insbesondere bei Jugendlichen, die von ihren Eltern zur Therapie „gebracht" werden, ist es wichtig, dass mögliche Anrufe eines Elternteils („… ich habe in ihrem Tagebuch gelesen, dass sie …") entweder sofort beendet werden oder nur nach dem Hinweis weitergeführt werden, dass der Inhalt des Telefonats den Jugendlichen mitgeteilt wird, dass es aber auch die Möglichkeit eines Familiengesprächs gibt.

❖ Eher rationale Interventionen, um Gefühle der Abhängigkeit vom Therapeuten (Therapeut weiß mehr über mich als ich selbst über mich) zu verhindern.
❖ Klarer Rahmen aber lockeres Setting.
❖ Äußere Strukturen schaffen innere Strukturen.

Deutungsakrobatik, Veränderungseifer und Brillanzdruck

Herr F. war über einige Jahrzehnte in einem Spezialbereich des Geheimdienstes tätig, vermied alle Kontakte zu Kollegen und lebte zurückgezogen. Kurz vor der Pensionierung lernt er eine Frau kennen, fühlt sich aber mit deren Wünschen nach Nähe überfordert. Zuflucht und die Möglichkeit zum Loslassen fand er in der Hinwendung zum Zen-Buddhismus, was ihm Distanz und Ruhe gewährt, aus der heraus auch wieder besser auf seine Partnerin zugehen kann.

Paradoxe Interventionen und Symptomverschreibungen schützen den Therapeuten vor Brillanzdruck.
Manchmal ist es sogar sinnvoll, die Veränderungsimpulse zu dämpfen.

. *Es gibt keine Sicherheit für ein Gelingen.*
. *Bloß kein Perfektionismus.*
. *Überall lauern Gefahren und Risiken.*
. *Nun ist es aber nicht so, dass Sie nur eine ‚progressive‘ Seite haben. Wie alle Menschen haben auch Sie eine ‚konservative‘ Seite. (Weiss/Haertel-Weiss, 1988)*

. *Entwicklungen sollten nie schneller sein als man sie selbst gut findet.*
. *Natürlich ist es sinnvoll nicht einfach irgendetwas zu verändern, von dem Sie nicht voll und ganz überzeugt sind.*
. *Solange Sie sich nicht entscheiden können etwas zu ändern, sollten Sie es so belassen wie es ist.*

. *Sie können zu jeder Zeit auf Ihre Symptome zurückgreifen.*
. *Wir müssen manches akzeptieren.*
. *Wir haben alle Stärken und Schwächen.*
. *Sie brauchen keine Therapie sondern Zeit, um damit fertig zu werden, dass Menschen so sein können.*
. *Natürlich gibt es eine Rückfallgefahr. Und trotzdem müssen Entscheidungen getroffen werden.*

. *Es hat keinen Sinn, dass wir miteinander reden, wenn Sie mit dem, was ich sage, nichts anfangen können.*

. *Das Herkommen genügt nicht.*
. *Ich wünsche Ihnen sehr, dass Sie Verantwortung für sich übernehmen können.*

„Schade" ist das Ende des Kämpfens, ein Eingeständnis der aktuellen Hilflosigkeit, Akzeptanz des Ist-Zustands. Jetzt erst kann sich Neues konstellieren.

. *Schade, dass Sie so mit sich umgehen müssen.*
. *Schade, dass es so ist, wie es ist!*

Manchmal ist auch Hoffnung gefährlich, denn sie verhinder die Auseinandersetzung mit der Unausweichlichkeit des Aktuellen –
dann hält Hoffnung auf.
Face the facts!

Es gibt keine Bringschuld des Therapeuten und die Verantwortung bleibt letztlich beim Klienten.

Ohnmachtsdeklaration:
Mit ihr verschiebt sich die Aktivität wieder eindeutig auf die Seite des Klienten, der noch mehr in die Pflicht kommt, den Therapeuten für die Fortsetzung der Therapie zu motivieren.

. Dazu fällt mir gar nichts Neues ein.
. Jetzt bin ich am Ende mit meiner Weisheit.

. Ich weiß auch nicht, was ich Ihnen noch anbieten soll. Offenbar ist das hier nicht die richtige Hilfe für Sie.

Hilfreiche Banalitäten, die Sichtweisen des Klienten anerkennen, um dann aber auf die anstehenden Veränderungen zu verweisen:

. Das kann man sicherlich so sehen, ...
. Das ist ein weites Feld, ...
. Darüber lässt sich bestimmt lange diskutieren, ...
. Natürlich eine interessante Sichtweise, ...
. Auch eine Möglichkeit, auf die We67lt zu blicken, aber lassen Sie
uns doch schauen, was sie nachher, nach unserer Stunde, ganz konkret vorhaben.

❖ „Es kommt nicht darauf an, dass man alles richtig macht, sondern dass man in Kontakt bleibt." (Fürstenau)

Ziele und Fehler

„Es hat doch beinahe den Anschein, als wäre das Analysieren der dritte jener »unmöglichen« Berufe, in denen man des ungenügenden Erfolgs von vornherein sicher sein kann. Die beiden anderen, weit länger bekannten, sind das Erziehen und das Regieren."
(Freud, 1937)

Erstrebenswerte Ziele:
- Fähigkeit zur Selbstanalyse
- Bessere Unterscheidung von Phantasie und Realität
- Toleranz den eigenen Konfliktmustern gegenüber
- Geduldiges Abwarten bis sich innere Wege zeigen

Die häufigsten Fehler:
- Diagnostische Fehleinschätzung und Indikationsstellung
- Agieren der Gegenübertragung
- Dysfunktionale Interpretationen
- Unzureichendes Bearbeiten des Therapieendes
- Verletzung der Abstinenzregel / gefährliche Nähe
  Spätadoleszente Pat.: „Das hier ist ja intimer als Sex!"
- Rigides Festhalten an der Technik
- Grandiose Heileridentifikation und Bedürftigkeit des Therapeuten

- Permissive Deutungen / von "oben" nach „unten"
- Zu komplexe Lösungsstrategien! (Watzlawik, 2005)
- Trotz der Sehnsucht nach Zusammenhang und Verständnis: Gleichzeitigkeit ist nicht Ursächlichkeit.

„Es ist eines der Berufsrisiken der Psychoanalyse, dass wir uns gewohnheitsmäßig unseren Patienten überlegen fühlen."(Greenson, 1982)

Für den Abschied braucht es ca. ein Drittel der Behandlungszeit, denn das Leben ist eine Abfolge von Trennungen.

„Die massive Defizitorientierung führt sehr leicht und schnell zu Ohnmacht, Überforderung und massiver Betroffenheit auf der Seite der Therapeuten, da die pathologiebezogenen Eindrücke und Einschätzungen nicht durch den Blick auf die gesunden und gesundungsrelevanten anderen Persönlichkeitsanteile balanciert und relativiert werden." (Fürstenau, 2001)

Das Wichtigste in der Psychotherapie ist die Gesundheit des Therapeuten und die kontinuierliche „innere Entgiftung", z.B. über die Lichtdusche (Vilmar, 2017).

Fragen des inneren Supervisors:

> Wie geht es mir / was spüre ich, wenn ich jetzt an den Klienten denken?
> Was würde ich dem Klienten am liebsten unverblümt und freimütig sagen?
Was würde Dieter Bohlen jetzt sagen?

❖ Begegnungs- und beziehungsorientiert
❖ Widerhall und Kreativität
❖ Absichtslose Absichtslosigkeit

Enttäuschungsarbeit
(Haim Omer / Arist von Schlippe)

„Die Psychoanalyse vermag nicht mehr als aus neurotischem Elend gemeines Leid zu machen." (Freud, 1937)

„Die Wirkung der psychoanalytischen Behandlung führt nicht zu einem Auslöschen dieser Konfliktmuster, sondern zu einer erhöhten Fähigkeit, zu Toleranz und Beherrschung von Frustration, Angst und Depression durch die Entwicklung selbstanalytischer Fähigkeiten."
(Thomä/Kächele, 1986)
Der Erfolg der Psychotherapie liegt nicht im Verschwinden von Problemen, sondern in einem anderen Umgang mit den Sichtweisen, Einstellungen, Lebensmustern. Man wird sich ihrer früher gewahr und kann ein wenig gegensteuern.
. *Man muss auch Dinge akzeptieren, die man nicht versteht.*
. *Es gibt keine Medizin gegen die Tatsachen des Lebens.*
  (Chödrön, 2001)

„Ohne die Bereitschaft zu scheitern kann nichts Gescheites gelingen." (Seel, 2015)
„Auch ohne Therapie ergeben sich aus neuen besseren Erfahrungen unter günstigen Umständen Anregungen zur Revision überkommener pathologischer Einstellungen und Erfahrungen." (Fürstenau, 1994)

❖ Autonomie der Lebenspraxis des Klienten wahren.
❖ Freiheit zum Scheitern!.

Glück ist Wirklichkeit minus Erwartungen
(Hinduistisches Sprichwort)

Ein Metallblasinstrumentenmacher erzählte mir vor einigen Jahren ein eindrucksvolles Beispiel für Resilienz:

Herr S. hat schon lange den Wunsch Musik zu machen. Er ist aber noch unschlüssig, welches Instrument er gerne spielen möchte, schwankt zwischen Saxophon und Trompete. Er bespricht sich mit dem Musikalienhändler und entscheidet sich für das Saxophon.

Nach 4 Monaten kommt er wieder und möchte das Saxophon gegen eine Trompete eintauschen – ein Arbeitsunfall als Schreiner hat zum Verlust von 2 Fingern geführt. Die beiden Finger sind weg, aber die Motivation und die Freude an der Musik hat er nicht verloren.

„Man möchte sagen, die Absicht, dass der Mensch ‚glücklich' sei, ist im Plan der ‚Schöpfung' nicht enthalten. Was man im strengsten Sinne Glück heißt, entspringt der eher plötzlichen Befriedigung hoch aufgestauter Bedürfnisse und ist seiner Natur nach nur als episodisches Phänomen möglich. Jede Fortdauer einer vom Lustprinzip ersehnten Situation ergibt nur ein Gefühl von lauem Behagen; wir sind so eingerichtet, dass wir nur den Kontrast intensiv genießen können, den Zustand nur sehr wenig." (Freud, 1930)

„Die wirklich wichtige Freiheit erfordert Aufmerksamkeit und Offenheit und Disziplin und Mühe und die Empathie, andere Menschen wirklich ernst zu nehmen und Opfer für sie zu bringen, wieder und wieder, auf unendlich verschiedene Weise, völlig unsexy, Tag für Tag." (Wallace, 2012)

„Es herrscht nur eine sehr geringe Übereinstimmung zwischen dem, was man ist, und dem, was andere denken, was man ist, bzw. dem, was sie sagen, dass sie denken, was man ist. Aber man muss das alles mit Humor zu nehmen wissen." (Albert Einstein)

„Wir sind Gefangene des Bildes, das wir in anderen hervorrufen wollen." (Dalai Lama)

„Wenn man ein Leben leben will, das seinen Namen verdient, dann darf man nicht unentwegt vernünftig oder erwachsen sein." (Pfaller, 2014)

„Am Grab der meisten Menschen trauert, tief verschleiert, ihr ungelebtes Leben." (Georg Jellinek)

„Das größte Hemmnis des Lebens ist die Erwartung, die sich an das Morgen hängt und das Heute verloren gibt." (Seneca)

Im Schauspiel des Lebens, betont der Stoiker Epiktet, kommt es nicht darauf an, eine gute Rolle zu spielen, sondern darauf, sie gut zu spielen.

„Natürlich habe ich schlechte Tage. An schlechten Tagen geht es mir gut, an guten Tagen geht es mir auch gut." (Chödrön, 2001)

Hilfreiche Haltung gegen „die lauernde Gefahr des verfehlten Lebens" (von Matt, 2017):
„Achtsamkeit, Selbstdisziplin, Zuverlässigkeit, Verantwortlichkeit" (Hüther, 2011).

Die Menschen gut kennen und sie trotzdem lieben. Die Ambivalenzen aushalten können.

Es ist immer heute!

Einverständnis mit dem Unvermeidlichen.

Heitere Hoffnungslosigkeit.

Trotzdem gut leben!

Literatur

Bakewell, S.(2016): Das Café der Existenzialisten

Balint, M. (1957): Der Arzt, sein Patient und die Krankheit

Balint, M. (1972): Angstlust und Regression

Basch, M.(1992): Die Kunst der Psychotherapie

Bauer, J. (2013): Schmerzgrenze. Vom Ursprung alltäglicher und globaler Gewalt

Bell, K./K. Höhfeld (1998): Psychoanalyse im Wandel

Bion, Wilfred (1967): Anmerkungen zu Erinnerung und Wunsch

Blanck, G./ R. Blanck (1978): Angewandte Ich-Psychologie

Bohne, M. (2016): Prozess- und Embodimentfokussierte Psychologie in Therapie und Coaching

Bonaparte, M.(1934): Edgar Allen Poe. Eine psychoanalytische Studie

Chödrön, P. (2001): Geh an die Orte, die du fürchtest

Cremerius, J. (1990): Vom Handwerk des Psychoanalytikers

Cremerius, J. (1980):Archaische Urlaute oder der als Mutter verkleidete Therapeut. Prax. Psychother, Psychosomat. 25, pp. 223–236

de Botton, A. (2004): Trost der Philosophie. Eine Gebrauchsanweisung.

Epiktet: Das Buch vom geglückten Leben

Ermann, M. – Hrsg. (2006): Was Freud noch nicht wusste. Neues über Psychoanalyse

Freud, S. (1900): Die Traumdeutung

Freud, S. (1908): Der Dichter und das Phantasieren

Freud, S. (1909): Der Familienroman der Neurotiker

Freud, S. (1912): Totem und Tabu

Freud, S. (1913): Zur Einleitung der Behandlung

Freud, S. (1920): Jenseits des Lustprinzips

Freud, S. (1923): Das Ich und das Es

Freud, S. (1930): Das Unbehagen in der Kultur

Freud, S. (1937): Die endliche und die unendliche Analyse

Fürstenau, P. (1979); Zur Theorie psychoanalytischer Praxis.
    Psychoanalytisch-sozialwissenschaftliche Studien
Fürstenau, P. (1994): Entwicklungsförderung durch Therapie.
    Grundlagen analytisch-systemischer Psychotherapie
Fürstenau, P. (2002): Psychoanalytisch verstehen. Systemisch
    denken. Paradox intervenieren
Geyerhofer, S./Y. Komori (2005): Die Integration
    Poststrukturalistischer Modelle von
    Familienkurzzeittherapie.(Watzlawik/Nardone-2005)
Grawe, K. et al. (1994): Psychotherapie im Wandel
Greenson, R. (1982): Psychoanalytische Erkundungen
Hoffmann, S.O./G. Hochapfel (1992): Einführung in die
    Neurosenlehre und Psychosomatische Medizin
Holderegger, H.(1998): Der Umgang mit dem Trauma.
Hüther, G. (2004): Die Macht der inneren Bilder. Wie
    Visionen das Gehirn, den Menschen und die Welt
    verändern.
Hüther, G. (2011): Was wir sind und was wir sein könnten.
    Ein neurobiologischer Mutmacher.
Ietswaart, W.L. 1995): Szene und Symbol als treibende Kräfte.
    Die unbew. Phantasie in der Übertragung.
    Psyche 49: 141-158. (1995)
Khan, M. (1990): Veränderungen im Möglichkeitsraum
Kutter, P. et al. (1988): Die psychoanalytische Haltung
Luborsky, L (1988): Einführung in die analytische
    Psychotherapie
Meier, D./P. Szabo (2008): Coaching – erfrischend einfach.
    Einführung ins lösungsorientierte Kurzzeitcoaching
Menninger, K. & Holzman, P. (1977):Theorie der
    psychoanalytischen Technik
Mertens, W. (1991): Einführung in die psychoanalytische Th.
Moeller, M.L. (1986): Die Liebe ist das Kind der Freiheit
Moeller, M.L. (1988): Die Wahrheit beginnt zu zweit
Morgenthaler, F. (1978): Technik. Zur Dialektik der
    Psychoanalytischen Praxis

Moser, T. (1991): Der Psychoanalytiker als sprechende
    Attrappe
O'Hanlon / W. Hudson (1994): Milton H. Ericksons
    gesammelte Fälle
Omer, H./A. von Schlippe (2006): Autorität durch Beziehung.
    Die Praxis des gewaltlosen Widerstands in der
    Erziehung.
Pfaller, R. (2012): Wofür es sich zu leben lohnt
Pfaller, R. (2015): Kurze Sätze über gutes Leben
Prior, M. (2004): MiniMax-Interventionen
Racker, H. (1978): Übertragung und Gegenübertragung.
    Studien zur psychoanalytischen Technik
Radatz, S. (2008): Einführung in das systemische Coaching
Richter, H.E. (1976): Flüchten oder Standhalten
Richter, H.E. (1963): Eltern Kind Neurose. Die Rolle des
    Kindes in der Familie
Rudolf, G. (2004): Strukturbezogene Psychotherapie.
    Leitfaden zur Therapie strukturelle Störungen
Schmidt, G. (2005): Einführung in die hypnosystemische
    Therapie und Beratung
Seel, M. (2015): 111 Tugenden, 111 Laster. Eine philos. Revue.
Selvini-Palazzoli, M. et al. (1978): Paradoxon und
    Gegenparadoxon
Seneca: Von der Kürze des Lebens
Shazer de, S. (1995): Der Dreh. Überraschende Wendungen
    und Lösungen in der Kurzzeittherapie
Sozialpsychologie Mannheim (Hrsg.)- 2013: Ich, du, wir und
    die anderen. Spannendes aus der Sozialpsychologie.
Stierlin, H. (1988): Die Familie als Ort psychosomatischer
    Erkrankungen. Familiendynamik 13, 287-299
Storch, M. (2011): Das Geheimnis kluger Entscheidungen.
    Von Bauchgefühl und Körpersignalen
Storch,M./ B.Cantieni/ G. Hüther/ W.Tschacher (2010):
    Embodiment. Die Wechselwirkung von Körper und
    Psyche verstehen u. nutzen

Suzuki, D.T. (1960): Über Zen-Buddhismus. In: Fromm, E. et al.: Zen-Buddhismus und Psychoanalyse

Vilmar, G. (2009): Der Paar-Coach

Vilmar, G. (2015): Notfallkoffer für die Seele

von Kibed, V. / I. Sparrer (2004): Ganz im Gegenteil – Tetralemmaarbeit und andere Grundformen Systemischer Strukturaufstellungen für Querdenker und solche, die es werden wollen

von Matt, P. (2001): Literaturwissenschaft und Psychoanalyse

von Matt, P. (2017): Sieben Küsse. Glück und Unglück in der Literatur

von Schlippe, A./J.Schweitzer (2007): Lehrbuch der systemischen Therapie und Beratung

von Schlippe, A./J. Schweitzer (2009): Systemische Interventionen

von Schlippe, A. / H. Omer: Autorität durch Beziehung

Wallace, D.F. (2012): Das hier ist Wasser. Anstiftung zum Denken

Watzlawik, P./G. Nardone (2005): Kurzzeittherapie und Wirklichkeit

Weakland, J.H. (2005): Systemische Therapie mit einzelnen Individuen. in Watzlawik/Nardone, 2005)

Weber, G./. Simon (1986): Systemische Einzeltherapie. Zeitschrift für systemische Therapie 3/87, S. 192-206

Weiss, Th./G. Haertel- Weiss (1988): Familientherapie ohne Familie. Kurztherapie mit Einzelpatienten.

Winnicott, D.W. (1999): Kind, Familie und Umwelt

Winnicott, D.W. (1971): Vom Spiel zur Kreativität

Winnicott, D.W. (2002): Reifungsprozesse und fördernde Umwelt

Nicht aus allen hier genannten Büchern wurde zitiert. Es ist auch eine Liste meiner Lieblingsbücher.

Nicht mit einer Jahreszahl belegte Zitate stammen aus Seminaren oder Vorträgen.

Dank

Mein Dank gilt allen Patient*innen, von denen ich viel lernen durfte, ebenso wie den Kolleg*innen, mit denen ich zusammengearbeitet habe.

Ganz besonders erwähnen möchte ich Herrn Prof. Dr. Peter Fürstenau, dem ich viele wertvolle Anregungen für meine persönliche innere Kompassnadel und meine therapeutische Ausrichtung verdanke. Von ihm sind viele der Interventionen in diesem Büchlein.

Hinweise

Aus Gründen der besseren Lesbarkeit verwende ich meist die männliche Form. Selbstverständlich sind stets beide Geschlechter gemeint.

Autor

Dr. Gerhard Vilmar
gerhard.vilmar@t-online.de

Bisher erschienen die folgenden Bücher:

- Der Mental-Coach (2008)
- Der Paar-Coach (2009)
- Beziehungsschule – Schule und Beziehungs-
  kompetenz(2011)
- Waldorfschule – Zwischen Wunsch und Wirklichkeit.
  Eine organisationspsychologische Betrachtung (2012)
- Notfallkoffer für die Seele – Soforthilfe in
  Belastungssituationen (2015)

Innenwelten:
- Peer Gynt (Ibsen) - Eine szenische Annäherung (2017)
- Der Fremde (Camus) – Eine szen. Annäherung (2017)

Der vollständige Erlös aus dem Verkauf aller Bücher des
Autors geht an den gemeinnützigen Verein Sascha e.V.
(www.sascha-ev.de), der Hilfsprojekte für Waisenkinder
und mittellose Familien in Liberia, Kenia und Sri Lanka
unterhält und unbegleitete jugendliche Flüchtlinge aus
Kriegsgebieten unterstützt.